Comment industrialiser le Congo-Brazzaville ?

Jean-Valère MBANI

Comment industrialiser le Congo-Brazzaville ?

L'Harmattan - Congo

5-7, rue de l'Ecole-Polytechnique, 75005 Paris

http://www.harmattan.fr
diffusion.harmattan@wanadoo.fr

ISBN : 978-2-343-07127-5
EAN : 9782343071275

Remerciements

Un remerciement n'est jamais assez pour compenser un bienfait. Je voudrais toutefois par ces petits mots dire merci à toutes les personnes qui m'ont soutenu et encouragé dans la production de cet ouvrage. Je pense notamment à ma famille ; Justine Opiero, Temma Mouanga, Joph smith Mbani, Yannice Moutango Mbani, Noble Mbani, Leduc Mbani et Michel Mbani. Mon Père David Boutsamana, ma mère Lucie Marianne Moutango et mon Oncle Pierre BITA.
Merci également à toutes les personnes avec lesquelles j'ai partagé des réflexions sur l'industrialisation du Congo. Vos différents avis ont été d'un apport significatif.

Avant-propos

L'industrialisation du Congo est un défi. Un défi que doivent relever tous les Congolais et toutes les Congolaises du nord, du sud, de l'est et de l'ouest.
C'est une question d'intérêt général qui met tout le monde d'accord qu'il s'agisse des gouvernants, des opposants, ou encore de la société civile.
Tous souhaitent voir le Congo émerger d'ici l'an 2025 et posséder une bonne industrie.

L'histoire du Congo qui est celle des autres pays d'Afrique laisse un mauvais souvenir en matière d'industrie. D'autres ont pensé et continuent de penser que l'industrialisation du Congo est une vue de l'esprit et qu'en aucun cas le Congo ne pourrait s'industrialiser et répondre aux attentes de sa population.
Cependant et heureusement, le gouvernement de la République du Congo et d'autres Congolais encore de même obédience ou d'obédience différente sans les citer ici croient à ce Congo pour lequel le développement dépend de ce que ses fils et filles vont déployer comme efforts.
C'est dans ce cadre que nous avons proposé un modèle économique qui pourra à notre avis une fois déployé contribuer significativement à l'industrialisation du Congo.

1. Introduction

La République du Congo connait ces dernières années une avancée significative sur plusieurs plans visant à faire du Congo un pays émergent d'ici 2025. Ces avancées s'expliquent par une stabilité du pays et une volonté de ses dirigeants à doter le pays des infrastructures de base à travers des programmes de société du président de la République Dénis Sassou Nguesso que sont la nouvelle espérance et le chemin d'avenir.

Les performances économiques enregistrées au Congo à partir de l'année 2002, montrent un taux de croissance moyen de 5 % et constituent un atout majeur pour les finances du Congo. Le Congo affiche ces dernières années des budgets annuels parmi les plus importants de l'Afrique francophone subsaharienne.

C'est dans cet élan que le gouvernement de la République du Congo consentit des efforts pour faire du Congo un pays émergent d'ici 2025.

Le Congo est actuellement un vaste chantier où les routes, les aéroports, les installations énergétiques, les infrastructures de base et d'autres investissements conséquents sont visibles dans tout le pays. Cet effort est indéniable, car la municipalisation accélérée est un outil efficace que le Chef de l'État congolais a eu le mérite de mettre en place et de faire fonctionner.

Dans la volonté de faire du Congo un pays émergent d'ici 2025, le président de la République et le gouvernement de la République du Congo souhaitent industrialiser le Congo afin d'atteindre ces objectifs.

Cette volonté exprimée apparait jusqu'aujourd'hui comme un exercice difficile à résoudre dans la mesure où l'industrialisation du Congo n'a pas réellement démarré. On se pose même la question de savoir comment matérialiser cette pensée positive. La création des zones économiques spéciales n'a pas non plus impacté le visage industriel du Congo créant une sorte de doute ou d'incapacité des Congolais à se doter d'une industrie nationale.

C'est dans ce cadre que nous proposons un modèle économique d'industrialisation du Congo afin d'atteindre ces objectifs. Sur le territoire congolais, nous constatons que de très grands projets sont en vue et plus particulièrement dans le domaine minier et portuaire.

Le modèle économique que nous proposons n'écarte pas cette vision de vouloir doter le Congo de grandes industries, mais s'oriente, de plus en plus, vers les petites et moyennes industries pouvant apporter aux Congolais, de nouveaux savoir-faire, de l'autonomie, des revenus et résorber le chômage en général et plus particulièrement celui des jeunes.

La mise en place de ce modèle économique changera le Congo de l'intérieur, car il s'appuie sur la valorisation des ressources, des opportunités et des savoirs locaux. Ce type de modèle permet au Congo d'être au centre de son destin et détenteur de l'orientation et de la décision de son avenir.

Il ne s'agit pas de s'attaquer aux importations et de vivre en vase clos, comme le prétendait la vieille théorie connue sous le nom de « théorie de l'industrie naissante »[1], mais il s'agit au contraire de s'inventer un modèle économique permettant à l'industrie congolaise de profiter de l'ouverture du marché pour avoir accès aux informations et aux transferts des technologies.

Il ne s'agit pas d'un nouveau plan d'investissement, mais d'une vision de développement industriel avec un mode opératoire et des outils permettant non seulement d'atteindre les résultats avec efficacité, mais aussi avec efficience.

Le modèle industriel que nous proposons exige de la part des gouvernants et de toutes les parties prenantes, de développer les industries en tenant compte des normes de compétitivité, d'écologie dans l'optique d'anticiper tous les problèmes qui pourront être posés par cette industrie en développement comme une industrie propre et cyclique où les déchets deviennent automatiquement des ressources pour d'autres industries. Il s'agit à cet effet de transformer ce qui devrait être un problème en opportunité avec, à la clé, un objectif principal qui est le bien-être des populations.

Le Congo avec ses partenaires nationaux et internationaux doit agir. Ce match qui se joue au niveau planétaire n'a rien à avoir avec une partie de plaisir ou de communion. À terme, les ¾ des nations n'en sortiront pas libres, car une masse d'argent et de savoirs s'accumule et s'entasse jour après jour entre les mains des géants qui vont vite imposer leur domination économique et culturelle sur les sociétés les

---

[1] William Easterly, *les pays pauvres sont-ils condamnés à le rester* ? Nouveaux horizons, Paris 2006.

plus modestes[2]. Notre pays, le Congo doit en être conscient et ainsi il sera aisé pour nous de répondre « oui » à la question si l'industrialisation du Congo était possible et à la question si le Congo peut être un pays émergent d'ici 2025 nous répondrons également « oui ».

Pour y parvenir, le modèle que nous proposons est subdivisé en cinq parties :

- La première, c'est le cadre préparatoire et conceptuel de l'industrialisation ;
- La deuxième partie, les mécanismes de mise en œuvre des investissements ;
- La troisième partie, le fonctionnement des entreprises créées ;
- La quatrième partie, l'évaluation des résultats ;
- La cinquième partie, les outils de continuation d'exploitation à mettre en place.

2. Objectifs

Les objectifs de la mise en place de ce modèle économique de l'industrialisation du Congo sont, en général, de doter le Congo d'un outil de pilotage de la politique du développement industriel du pays, lui permettant d'avoir une économie forte soutenue par l'industrie.

L'industrialisation du Congo mise en place de façon stratégique apportera :

- La création de la valeur ajoutée porteuse de richesse dans le pays ;

---

[2] Mohamed Hamadi Bekouchi, *La rage de gagner*, éd. Afrique Orient, Casablanca 2007.

- L'amélioration PIB du pays ;
- La réduction considérable du chômage ;
- L'acquisition d'un savoir-faire technique, technologique et scientifique ;
- La réduction des importations et donc l'amélioration de la balance commerciale ;
- La réduction des coûts des produits manufacturés.

Bref, cette industrialisation va apporter un mieux-être aux populations et des revenus supplémentaires à l'État afin de promouvoir la stabilité et la démocratie dans le pays.

3. Cadre préparatoire et conceptuel de l'industrialisation

Dans cette partie du livre, nous allons présenter la politique générale de l'industrialisation suivant notre modèle économique, la notion de mise en place d'une carte industrielle du Congo et le type d'entreprise à mettre en place.

3.1. Politique générale de l'industrialisation

Après l'avènement de la démocratie au Congo, l'État s'est désengagé du secteur productif. Cette décision faisait suite à la libération du secteur économique où des entreprises privées devraient donc remplacer les structures que l'État possédait depuis les indépendances.

Ce passage qui n'a pas été préparé a laissé le Congo dans une situation complexe où aucune industrie ne pouvait fonctionner. Certaines industries étaient déjà tombées en faillite, d'autres devraient être privatisées. Depuis lors, l'État congolais dit promouvoir un cadre favorable des affaires et jouer un rôle de régulateur. Comment peut-on jouer ce rôle de régulateur, si l'industrie elle-même n'existe pas ?
Au nom de quelle règle fallait-il se désintéresser totalement du secteur productif ? Les pays occidentaux qui sont de vieilles démocraties, continuent jusqu'aujourd'hui soit à être des partenaires dans leurs industries, soit à subventionner celles-ci pour qu'elles restent compétitives et participent à la réduction du chômage.

Sur ce plan, nous suggérons que le Congo revoie sa position et sa politique sur le désintéressement du secteur productif. Il est certain que l'État a un mauvais souvenir des anciennes sociétés d'État qui alourdissaient le budget de l'État suite aux subventions continuelles que le gouvernement octroyait dans certaines de ces sociétés qui ne faisaient qu'accumuler les pertes.

Nous n'allons pas faire une démonstration sur le fonctionnement de ces anciennes sociétés d'État, ni sur leur rentabilité ou leur management. Cependant, nous pouvons toutefois affirmer que l'État n'avait pas la maîtrise de ces entreprises, car elles ont pour la plupart été dirigées ou conçues par les colons.

À la nationalisation de ces entreprises, l'appropriation par les cadres congolais n'a pas suivi non plus. En plus, échouer n'est pas mauvais si on sait pourquoi nous avons échoué. Il faut être capable de transformer les erreurs du passé en remèdes pour l'avenir[3].
Ce qui est certain, pour industrialiser le Congo, nous devons concevoir nos entreprises, prévoir leur mode de fonctionnement et leur donner des outils nécessaires pour leur développement.
De nos jours, le Congo fait un grand effort dans le domaine des infrastructures. Pour rentabiliser ces investissements, le Congo doit mettre en place un programme d'industrialisation destiné à créer de la valeur ajoutée.

À l'instar de la municipalisation et des grands travaux, le Congo devrait également avoir une délégation des travaux industriels. Les travaux industriels viseraient à doter tout le pays d'industries petites, moyennes ou grandes, suivant les secteurs et les besoins. L'État interviendrait dans ces entreprises, pas comme État, mais comme actionnaire ou partenaire comme c'est le cas pour le secteur pétrolier où l'État continue de jouer un rôle majeur avec la SNPC.

Le Congo doit faire des choix et orienter son industrie. Plusieurs pays dans le monde sont les leaders dans telle industrie ou tel domaine. Ceci ne se fait pas par la volonté des acteurs privés seulement. C'est

---

[3] William URY, *Comment négocier avec les gens difficiles*, nouveaux horizons, Paris 1993.

plutôt l'État qui oriente l'industrie de son pays suivant les objectifs qu'il veut atteindre. Nous pouvons citer les pays comme l'Éthiopie qui sont parmi les leaders sur le marché mondial des fleurs, la Côte-d'Ivoire dans le cacao, etc.

L'État congolais doit donc opérer des choix stratégiques visant à cibler certains domaines et mettre en œuvre un modèle économique d'industrialisation, afin de faire du Congo, un pays émergent d'ici 2025.
Le modèle économique que nous présentons intègre cette vision et constitue un outil au service du projet d'industrialisation du Congo.

L'industrialisation du Congo doit se concevoir sur la base de la bonne gouvernance qui n'est pas un luxe, mais une nécessité vitale pour le développement. Car le développement économique durable va de pair avec l'efficacité de l'État.[4] Les caractéristiques du sous-développement sont connues. Il s'agit entre autres d'un déséquilibre démographique, d'une agriculture faible, d'une industrie faible, d'un retard des structures sociales, une résistance à l'évolution et un environnement économique peu favorable[5].

---

[4] Jody Zall Kusek. Ray C. Rist, *Vers une culture du résultat*, Éd. Saint-Martin, Québec 2005.
[5] Pierre Salles, *La vie économique*, éd. André Casteilla, Paris 1979.

3.2. Carte industrielle du Congo

Pour parvenir à l'industrialisation du Congo suivant le modèle économique que nous proposons, la mise en place d'une carte industrielle du Congo est importante. Cette carte permet d'identifier les industries qui existent à chaque endroit, identifier les potentialités naturelles, intellectuelles, artistiques et culturelles constituant des facteurs naturels à la réussite de l'industrialisation. Certes, il existe des cartes du Congo qui donnent les indications sur telle ou telle ressource dont le Congo dispose, mais il s'agit ici d'avoir une vision industrielle en menant des études avec un objectif d'exploitation industrielle de ces ressources, car l'existence d'une ressource ne suffit pas pour parler d'industrie.
Le Congo doit s'assurer de la qualité de la ressource et voir si le positionnement et les quantités prévisionnelles peuvent générer un retour sur investissement.

Cette approche nous amène donc à présenter trois cartes industrielles qui sont : la carte industrielle actuelle, la carte industrielle prévisionnelle et les deux cartes mises ensemble.
Ces cartes peuvent être établies par type d'industrie pour faciliter leur lecture. Une description détaillée de l'industrie doit être disponible dans la base des données.

3.2.1. La carte industrielle actuelle du Congo

L'illustration suivante peut être faite pour l'industrie agro-alimentaire :

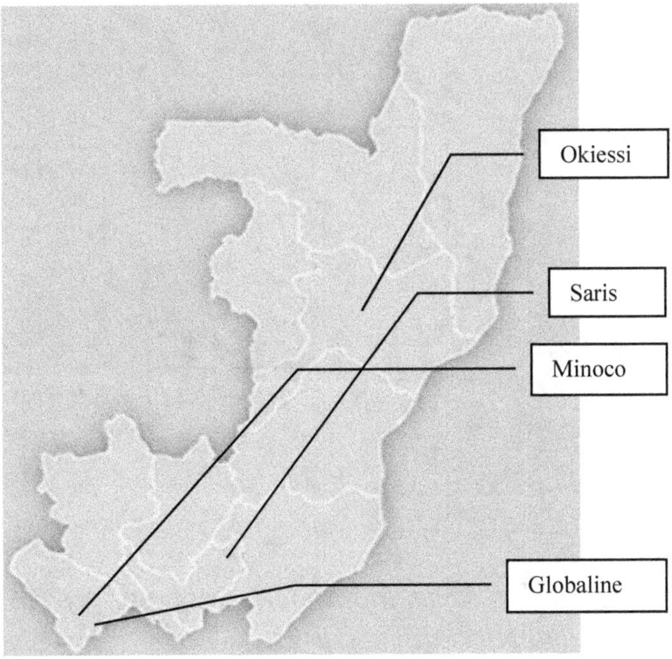

3.2.2. La carte industrielle prévisionnelle

Cette carte présente des industries pouvant être mises en place après analyse des potentialités de chaque zone industrielle suivant la politique générale de l'industrialisation. On peut également faire une illustration de cette carte pour l'industrie agro-alimentaire.

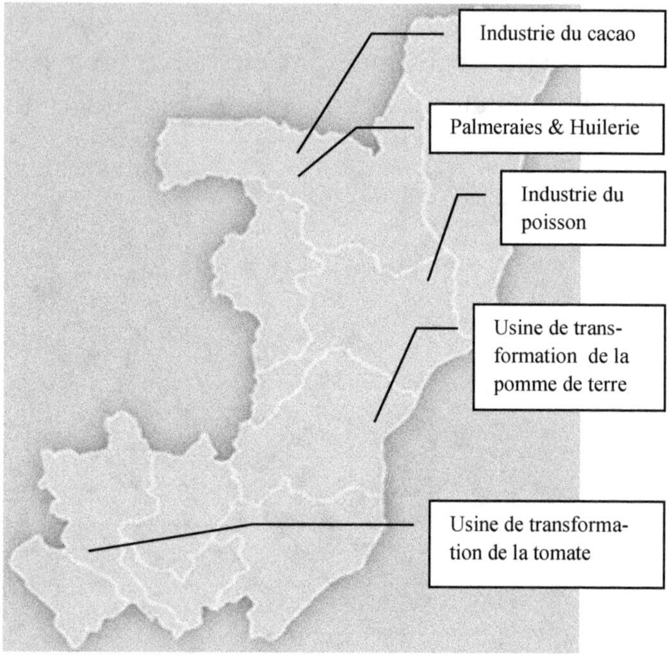

3.2.3. La carte industrielle globale qui rassemble les deux premières cartes.

Cette carte aura vocation à donner une image globale de l'industrie congolaise. Les noms commençant par « P » illustrent les projets à mettre en place et les noms d'entreprises illustrent les industries qui existent à titre illustratif.

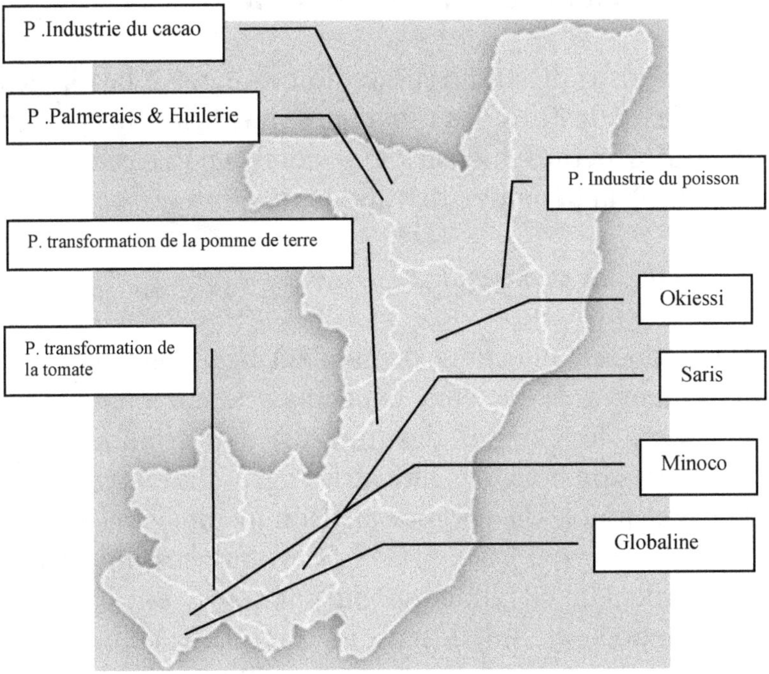

Cet exercice va permettre au Congo de faire un inventaire de la situation industrielle. Tout développement commence par un éveil. Le cas échéant, l'inventaire des industries et des potentialités industrielles du Congo va susciter une prise de conscience du niveau réel de la production industrielle du Congo. Elle peut en outre engendrer un sursaut d'orgueil pouvant servir de levier pour un véritable engagement industriel.

3.3. La nature et la taille des entreprises

Une industrialisation réussie doit intégrer à la fois les grandes industries, les moyennes industries, les petites et toutes petites industries, y compris l'artisanat qui constitue la pépinière de l'industrie.

3.3.1. Les grandes industries

Les grandes industries demandent beaucoup d'investissement. Les secteurs concernés sont, pour ce qui concerne le Congo, des industries des mines, des industries de bois, des industries agro-alimentaires…
De nos jours, on compte au Congo plusieurs industries de ce type. Le constat fait est que ces industries, participent à la réduction du chômage, elles payent des impôts et améliorent un tant soit peu l'environnement social des peuples autochtones.
Cependant, le Congo est loin de s'approprier le savoir-faire de ces industries, ce qui met le Congo dans une situation de dépendance totale.

3.3.2. Les moyennes industries

Elles peuvent être de capitaux nationaux ou étrangers. Les moyennes industries offrent au Congo une possibilité de couvrir les besoins nationaux que de la sous-région en produits que ces industries produisent. Les moyennes industries contribuent fortement à la réduction du chômage et contribuent à doter le pays d'un savoir-faire lui permettant d'augmenter son rendement productif.

Pour ce type d'entreprise, une étude des débouchés doit précéder, car la production devra être distribuée en dehors du Congo.

3.3.3. Les petites et toutes petites industries

Elles constituent la base de l'industrialisation du pays. Le modèle économique que nous proposons repose d'abord sur les petites et toutes petites entreprises.
Les besoins de consommations locaux et nationaux doivent être fournis et comblés par les petites et toutes petites industries. Les savoirs familiaux et artisanaux doivent être valorisés. Un effort particulier doit être fait pour arroser le pays de ces petites industries en apportant également les nouveaux savoirs et les transferts de technologie.

3.4. L'artisanat

L'artisanat, on ne le dira jamais assez, constitue le point de départ de l'industrie. Il permet de concevoir les idées nouvelles et de les expérimenter à petite échelle avant de passer à la grande production.
Ainsi, la formation des artisans au sens propre du terme en tenant compte des atouts des acteurs ou de l'orientation à donner à l'artisanat en fonction des résultats attendus doit être mise en œuvre.
Cette évolution devra être soutenue par le goût de l'ambition et la mise à disposition des outils modernes aux artisans.

3.5. Acteurs et partenaires industriels

Les entreprises à mettre en place sont des entreprises privées, qui vont avoir des participations de l'État ou non, pour garantir la concurrence loyale sur le marché. Pour cela, l'État doit avoir des partenaires et acteurs pour faire fonctionner ces entreprises. Les formes juridiques sont celles qui doivent garantir les intérêts de tous dans une relation libre et responsable[6].

Certaines entreprises peuvent être inspirées et naître des initiatives privées auxquelles l'État adhère. Dans ce cas, l'État accompagne ce privé dans une formule où il se fait actionnaire au même titre que le privé afin de faire aboutir le projet et s'assurer de sa réalisation.
L'État peut également renforcer les entreprises en faillite ou celles qui existent déjà pour les rendre plus compétitives.
Ou encore, l'État peut mettre en place de nouvelles entreprises en s'appuyant sur les cadres sérieux et compétents qu'il aura identifiés. Ces cadres doivent être formés et suivis par un centre d'appui aux entreprises qui sera créé à cet effet. Les cadres en fin de carrière devraient encadrer de jeunes porteurs de projets et en fin de formation afin d'assurer la relève.

---

[6] X. Cazard,S.Villey,A.Dohy, *Création d'entreprises : bien choisir son associé,* collection Guid'utile, Paris 2007, P59.

4. Les mécanismes de mise en œuvre des investissements

4.1. Le Mode opératoire

Ce modèle économique veut que le Congo soit doté de micro-industries qui vont constituer le socle de sa richesse en matière de création de valeur ajoutée, de valorisation des savoirs et de son industrialisation. De ce fait, la volonté politique et des acteurs de la société civile constituent un fait générateur pour rendre ce modèle opératoire.
Les Congolais doivent d'abord vouloir de cette industrialisation et croire à leur capacité à la promouvoir. Les Congolais, tout au moins les meneurs d'hommes et d'opinion, doivent être capables de se projeter dans un Congo où l'industrie va résoudre plusieurs problèmes économiques et sociaux.
Les jeunes doivent s'adapter très rapidement aux innovations et aux techniques industrielles qui existent, savoir bien les assimiler en vue de faciliter le transfert des technologies et enfin s'approprier ces savoirs pour assurer leur amélioration.
Cette vision doit être enseignée et apprise aux Congolais, jeunes, femmes et hommes adultes. Si le Congolais ne croit pas ou, disons, ne veut pas de l'industrialisation de son pays ; celle-ci ne se fera pas. Mais si les Congolais adhèrent à cette vision et croient participer à l'industrialisation de leur pays, alors les Congolais feront tout pour réussir cette industrialisation qui constitue, dans tous les cas, un challenge pour chacun d'eux.

Une fois que le message est reçu et accepté, on peut commencer à réfléchir sur les industries qui peuvent être plus facilement mises en œuvre. La connaissance des besoins et la réalité du marché doivent aider les décideurs à identifier ces projets et les classer par ordre de priorité suivant la stratégie économique et de communication de la délégation des travaux industriels.

Les industries à financer peuvent être nouvelles ou déjà existantes. L'État devra décider à partir de la délégation des travaux industriels le type de partenariat à mettre en place, suivant les cas qui vont se présenter.

Dans le cas où l'État éprouve des difficultés à mettre en œuvre ce modèle économique d'industrialisation, les leaders de la société civile, les intellectuels, les cadres du pays, hommes et femmes, les jeunes diplômés, ou ceux dotés d'un savoir, sont tous des acteurs actifs pouvant chacun à son niveau contribuer à l'industrialisation du Congo, soit en se mettant ensemble à partir de la création d'un fonds d'industrialisation ou de manière individuelle.

4.2. Le choix des domaines d'investissement

Les investissements à réaliser en priorité sont ceux qui sont faciles à mettre en œuvre. La mise en place de ces investissements est facilitée par l'existence du besoin, le marché, les potentialités et la présence de la matière première.

Pour citer un exemple précis, nous constatons au Congo que les articles de construction sont tous importés, à l'exception du sable et de la pierre. Le

Congo peut donc mettre en place une fabrique de carreaux qui pourra servir le pays et réduire les coûts des carreaux sur le marché. Les analyses de projets devraient également intégrer les marchés sous régionaux et régionaux surtout avec l'ouverture du pays vers l'extérieur par la mise en place des infrastructures routières.
Cette stratégie vise à créer très rapidement des profits dans des entreprises pour lesquelles les conditions de démarrage sont mieux réunies par rapport à d'autres projets nécessitant plus d'effort.
Il ne s'agit en aucun cas d'investir pour le plaisir d'investir ou pour augmenter le nombre d'entreprises en création. Il s'agit de créer de véritables entreprises compétitives.

4.3. Le financement des investissements

Un programme d'investissement doit être mis en place pour chaque année à l'instar des programmes de la municipalisation accélérée. Peut-être doit-on parler de l'industrialisation accélérée. Pour assurer la transparence dans le financement des projets, un fonds étatique doit être créé pour assurer le financement des entreprises. Ce fonds devra appliquer des taux raisonnables et financer les projets, en priorité ceux qui ont suivi le canevas du programme national d'investissement. La création d'une banque d'investissement pourra être envisagée afin d'assurer la solidité du programme et la création de structures annexes devant accompagner l'industrialisation du Congo.

Le financement des entreprises et des projets doit se faire suivant les modalités arrêtées par la commission d'évaluation des projets à mettre en place à cet effet.
Le financement des investissements par l'État doit provenir du budget de l'État. Cette rubrique budgétaire doit être audacieuse, mais prudente afin d'assurer la viabilité à moyen et à long terme des finances publiques[7].

4.4. Le fonctionnement des entreprises créées

Les entreprises créées, reprises ou restructurées, par l'organe mis en place pour le pilotage du plan d'industrialisation du Congo doivent être régies par le droit commercial applicable à toutes les autres entreprises, privées ou publiques. Ces entreprises doivent fonctionner en toute indépendance et en toute autonomie. L'État devra cependant mettre en place des mécanismes, non seulement de contrôle, mais aussi et surtout, de poursuite de la performance de ces entreprises.
De même, ces entreprises ne doivent pas être subventionnées par l'État à moins que la subvention soit appliquée à toutes les entreprises du secteur ou de la branche afin de sauvegarder les règles de concurrence loyale.
Les formes juridiques et les styles de direction de ces entreprises doivent être décidés au lancement des projets suivant la qualité des participants.

---

[7] CEPROD, *Enjeux de l'alimentation, crise financière internationale et nouvelles perspectives pour le Congo Brazzaville*, les éditions HEMAR, Brazzaville 2009.

Cependant, les dirigeants de ces entreprises doivent travailler sous serment à la nation et observer un code éthique mis en place à cet effet. Les stratégies développées par ces entreprises doivent être orientées vers le progrès, car les organisations modernes fondent leurs performances entre les hiérarchies opérationnelles et fonctionnelles qui en définissent la politique et les bonnes pratiques.[8]

4.5. Responsabilité des parties prenantes

Les parties prenantes, qui peuvent être l'État tout seul, ou l'État avec des particuliers, ou encore avec d'autres entreprises privées ou publiques, doivent toutes se convenir dans un document appelé « Pacte d'actionnaires ». Ce pacte doit définir leurs engagements, leurs droits et les obligations de chaque partie.
Afin de garantir les intérêts de toutes les parties, le pacte doit être notarié.
Ainsi, au-delà de la responsabilité juridiquement établie, les actionnaires doivent constituer une force de réflexion visant à améliorer les performances de l'entreprise.
Les parties prenantes doivent prendre en compte la notion de compétence et de confiance pour le choix des dirigeants de l'entreprise. Ceci doit constituer un engagement, car la santé de l'entreprise dépend de la qualité de ses dirigeants.

---

[8] F. Blanc et N. Monomakhoff, *La méthode 5 steps*, Ed AFNOR, La plaine Saint-Denis 2008.

4.6. Suivi des entreprises financées

Le suivi des entreprises financées dans le cadre de ce modèle économique doit se faire à deux niveaux. Le suivi doit se faire sur le plan interne et sur le plan extérieur.

4.6.1. Suivi interne des entreprises financées

Le suivi interne des entreprises financées doit se faire par les dirigeants de l'entreprise de façon habituelle à travers des outils de contrôle interne et externe.
Il s'agit notamment des audits internes et externes, du contrôle de gestion et du contrôle interne. Il est de la responsabilité des dirigeants des entreprises financées d'assurer le bon fonctionnement de ces organes de contrôle et non de simplement les mettre en place, car dans la pratique il est démontré que dans plusieurs entreprises les organes de contrôle n'y sont que pour la forme.

4.6.2. Suivi externe des entreprises financées

En sus des contrôles internes, les entreprises financées doivent faire l'objet d'un contrôle de la cellule des contrôles de la délégation des travaux industriels. Ces contrôles doivent être réguliers, ponctuels et inopinés. Un minimum de deux contrôles par année doit être effectué afin de s'assurer du bon fonctionnement des entreprises.
Ces contrôles doivent à la fois se baser sur les rapports de contrôle interne et sur les examens des

comptes, des processus d'exploitation et de fonctionnement de l'entreprise.
Les rapports de contrôle des auditeurs doivent être publiés et ainsi la responsabilité des auditeurs sera engagée. La nature des contrôles et les procédures de contrôle doivent être harmonisées et formalisées.

4.7. Formation des cadres d'entreprise et des commissions de contrôle

Le Congo doit mettre en place une école supérieure qui aura pour vocation la formation des cadres en administration d'entreprises et des organisations.
Cette école doit avoir pour philosophie la formation des stratèges, des managers et de véritables dirigeants des entreprises dont le seul souci majeur sera de relever le défi de l'industrialisation du Congo. Les Congolais aiment le Congo, mais il faut leur donner les moyens d'agir.
À cet effet, les cadres chargés d'administrer les entreprises financées doivent obligatoirement participer à des séances de formation continue organisées pour les aider à maintenir leurs connaissances et leurs performances. Avant la création de l'école, un centre de formation doit être mis en place pour assurer les formations des dirigeants d'entreprises.[9]

---

[9] Jean-Louis Muller, *Les nouveaux styles de management*, Éd. ESF, Issy-les-Moulineaux 2004.

4.8. Le professionnalisme et le sens de responsabilité des cadres d'entreprise et des commissions de contrôle

Il est triste de constater que plusieurs cadres du pays ne sont pas conscients du rôle qu'ils doivent jouer dans le développement du Congo. Les cadres, en particulier, et les autres Congolais en général, doivent faire du développement du Congo leur priorité. Les cadres ne doivent pas tomber dans le piège de l'incapacité à décider correctement quand ils sont responsabilisés, et ceci en prenant des décisions hâtives, soit en ne décidant pas du tout ou encore en prenant des décisions inopportunes empreintes de subjectivité, d'irrationalité ou de naïveté[10]. Le Congo doit passer en premier et être au-dessus de nos propres intérêts. Chaque cadre doit se sentir dans le besoin d'apporter ce qu'il sait à son niveau et dans ses compétences à son pays.

Le Congo dispose des cadres compétents capables d'accompagner le pays dans son industrialisation. Ces cadres doivent être consultés à travers des journées d'industrialisation du Congo, au cours desquelles chacun peut donner son avis sur la question de l'industrialisation.

Si l'élite s'approprie la notion d'industrialisation du Congo, elle pourra la transmettre facilement à d'autres Congolais autour d'elle.

L'industrialisation du Congo n'est pas une affaire qui ne concerne que le président de la République. Tous

---

[10] KANGA BALLOU, *je gère mon entreprise*, Édition initiatives, Abidjan 1998.

les Congolais doivent y participer et chacun à son niveau.
C'est à travers cette industrialisation que le Congo va atteindre tout au moins une partie de ses aspirations, car l'industrialisation est porteuse de bien-être des populations et de richesse pour le Congo en générant des emplois et de la valeur ajoutée.
Le gouvernement doit déployer de grands efforts pour promouvoir et sans cesse à toutes les couches de la population, les valeurs de la république et de nos bonnes mœurs.

5. l'évaluation des résultats

L'évaluation permet, à partir de plusieurs indicateurs, de savoir si les objectifs fixés ont été atteints.
Cependant, cette évaluation dans le cadre du modèle économique de l'industrialisation du Congo que nous proposons doit tenir compte des politiques d'investissements, des coûts d'investissements ainsi que de la rentabilité des investissements.

5.1. Évaluation des politiques d'investissements

Les politiques d'investissements définissent les stratégies, les secteurs à industrialiser, les priorités, la mobilisation des ressources ainsi que leur affectation. À ce titre, ces politiques méritent d'être évaluées, mises à jour et consolidées.
Les politiques d'investissements doivent faire l'objet d'une évaluation permanente afin de s'assurer qu'elles sont efficaces et demeurent d'actualité.

Bien souvent, les gouvernants se contentent de mettre en place des outils, mais il est aussi question de mettre en place également des structures pour gérer et exploiter les outils d'évaluation conçus.
Évaluer les politiques d'investissement, c'est s'assurer que les stratégies mises en place sont d'actualité et fonctionnent comme prévu. Sans évaluation des politiques d'investissement, aucune mesure ne peut être prise pour actualiser ou réorienter la vision des gouvernants pour atteindre les objectifs escomptés. Dans le cas où l'État veut entrer dans le capital d'une société existante, toute la procédure de diagnostic global aussi appelé « *due deligency* » doit être mise en œuvre.
Elle consiste à évaluer les risques sur le plan financier et juridique puis justifier la décision d'entrer dans le capital de l'entreprise par le retour d'investissement que cette opération peut apporter à l'État[11].

De même, les discussions entre les partenaires locaux et internationaux doivent être engagées pour assurer un meilleur positionnement de l'industrie. Ces négociations doivent privilégier le principe de gagnant-gagnant afin de garantir leurs chances d'aboutissement[12].
Le Congo ne peut pas s'industrialiser en se renfermant sur lui-même. Il doit au contraire bâtir sa stratégie d'industrialisation dans un modèle d'intégration régionale et mondiale.

---

[11] Alberto Sillero, *Diagnostic global d'entreprise*, Éd. ESKA, Paris 2002.
[12] Revue Management hors-série, éd. mai-juin 2012

5.2. Évaluation des coûts d'investissements

Les coûts d'investissements sont un axe de contrôle principal. Ils déterminent les volumes d'investissements et leur rentabilité future. Évaluer les coûts d'investissements, c'est s'assurer que les investissements exécutés sont ceux prévus, à leurs coûts et qualités, ainsi qu'à leur exécution au temps opportun suivant les coûts du marché.

À cet effet, des outils spécifiques d'évaluation des coûts d'investissements doivent être mis en place à l'instar de ceux utilisés traditionnellement comme les budgets d'investissements, des CER, différents ratios, etc.

Les budgets d'investissements doivent à cet effet être conçus de manière très claire et professionnelle afin de faciliter leur contrôle. Si les budgets ne sont pas bien établis avec des codes spécifiques pour chaque ligne budgétaire ou des sous-codes pour chaque rubrique d'une ligne budgétaire, alors le contrôle de l'exécution du budget ne peut être efficace.

L'État doit se doter des systèmes d'information capables de centraliser toutes les données afin de permettre une meilleure traçabilité des coûts et faciliter le déploiement des outils appropriés pour l'évaluation des coûts d'investissement.

Les personnes en charge des évaluations doivent travailler sur la base des mêmes procédures et indicateurs afin de faciliter la consolidation des résultats de leur évaluation à un niveau plus élevé.

5.3. Évaluation de la rentabilité des investissements

La rentabilité des investissements doit être évaluée à deux niveaux. Au niveau de chaque industrie financée et au niveau des gains que l'industrialisation apporte à l'État.
Les gains de l'État constituent des fonds pouvant servir au réinvestissement des autres projets et industries et aux réserves ou placements.
Un rapport d'évaluation sera publié chaque année pour toutes les parties intéressées. Ces rapports doivent mentionner en plus des informations financières, les données statistiques comme le nombre des industries et d'emplois créés, le nombre de personnes formées, les familles bénéficiaires, les effets induits des projets, la contribution annuelle des industries créées dans le PIB du Congo.

6. Quelques outils de pilotage à mettre en place

6.1. Modélisation du modèle économique

La modélisation de cette approche doit permettre sur la base du système d'information mis en place de suivre de façon schématique et synthétique l'évolution du modèle économique. Les outils de suivi doivent être insérés dans le système d'information afin de donner une visibilité permanente à l'équipe du management chargé de piloter la structure.

6.1.1. Au niveau de chaque entreprise industrielle

Un ensemble des indicateurs doit être mis en place pour donner de la visibilité aux décideurs chargés de suivre les industries et leur évolution. Les indicateurs choisis dans ce livre ne le sont qu'à titre indicatif.
Ils peuvent être dimensionnés selon les besoins et la taille de l'entreprise. Mais ces indicateurs doivent tout de même être objectivement vérifiables puis apporter l'information sur la santé des industries. Modélisés, les indicateurs peuvent être mieux compris que lorsqu'ils sont chiffrés dans les tableaux.
Ces indicateurs peuvent être les suivants :

Exemple de modélisation des indicateurs au niveau industrie.

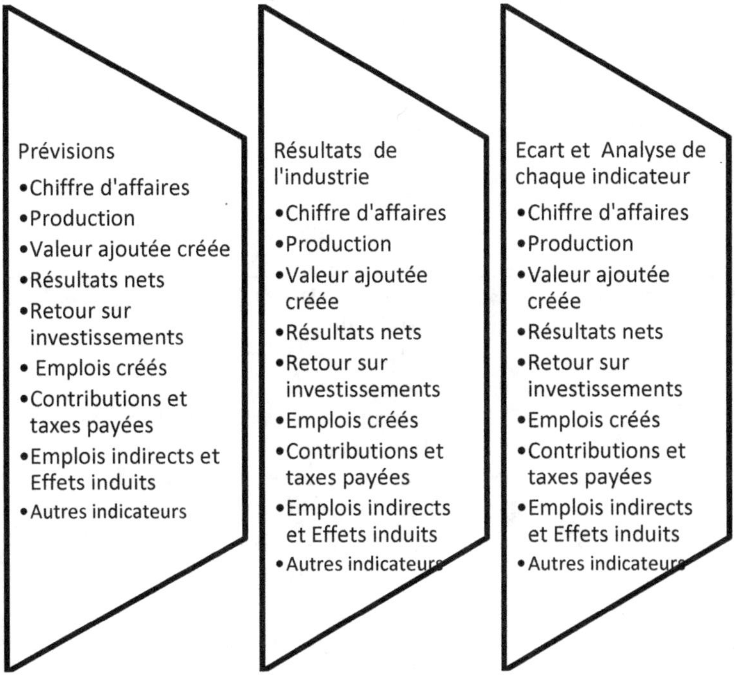

6.1.2. Au niveau de chaque secteur d'industrie

Une modélisation des indicateurs doit se faire au niveau de chaque secteur d'industrie. Cette modélisation doit être une synthèse de la modélisation de chaque industrie et donner des informations pouvant permettre aux décideurs d'avoir la totale maîtrise du secteur industriel et prendre des mesures correctives si nécessaire.

Il sera question dans cette modélisation de présenter en ligne des indicateurs pour chaque entreprise industrielle. En prenant l'exemple du secteur agro-alimentaire, cette modélisation peut être représentée de la manière suivante :

Analyse de l'industrie agro-alimentaire	• Saris Congo • Minoco • Okiessi • Christal • Plasco • Globaline • Congo lait • Laiterie Auguste • Etc.
Prévisions	• Chiffre d'affaires • Production • Valeur ajoutée créée • Résultats nets • Retour sur investissements • Emplois créés • Contributions et taxes payées • Emplois indirects et Effets • Autres indcateurs
Résultats de l'industrie	• Chiffre d'affaires • Production • Valeur ajoutée créée • Résultats nets • Retour sur investissements

	• Emplois créés • Contributions et taxes payées • Emplois indirects et Effets induits • Autres indicateurs
Écart et analyse de chaque indicateur	• Chiffre d'affaires • Production • Valeur ajoutée créée • Résultats nets • Retour sur investissements • Emplois créés • Contributions et taxes payées • Emplois indirects et Effets induits • Autres indicateurs

6.1.3. Au niveau national

La délégation des travaux industriels doit présenter sur la base des informations reçues de chaque industrie et de chaque secteur industriel une modélisation permettant d'apprécier très rapidement l'état de santé de l'industrie congolaise.
Cette modélisation intègre les premiers tableaux et présente en une ligne les données de chaque secteur d'industrie.

Elle peut être présentée de la manière suivante :

Analyse de chaque secteur industriel	• Industrie agro-alimentaire • Industrie forestière • Industrie touristique • Etc.
Analyse de l'industrie agro-alimentaire	• Saris Congo • Minoco • Okiessi • Christal • Plasco • Globaline

	• Congo lait • Laiterie Auguste • Etc.
Prévisions	• Chiffre d'affaires • Production • Valeur ajoutée créée • Résultats nets • Retour sur investissements • Emplois créés • Contributions et taxes payées • Emplois indirects et Effets • Autres indicateurs
Résultats de l'industrie	• Chiffre d'affaires • Production • Valeur ajoutée créée • Résultats nets • Retour sur investissements • Emplois créés • Contributions et taxes payées • Emplois indirects et Effets induits • Autres indicateurs
Écart et analyse de chaque indicateur	• Chiffre d'affaires • Production • Valeur ajoutée créée • Résultats nets • Retour sur investissements • Emplois créés • Contributions et taxes payées • Emplois indirects et Effets induits • Autres indicateurs

6.2. Évaluation des nouveaux besoins

La réalisation de nouvelles industries permet la continuité de l'action d'industrialisation. Les nouveaux besoins sont soit les projets à réaliser ou encore le renforcement des chaînes des produits issus des industries existantes. En effet, une industrie peut en créer une autre dans la mesure où certains produits ou

déchets peuvent servir d'intrants pour d'autres industries.
Mais, il est important ; voire nécessaire, d'effectuer un travail de terrain, afin d'identifier les nouveaux besoins ou problèmes, qui peuvent parfois naître du fait de l'industrialisation, pour les transformer en opportunités.

6.3. Mise en place des cellules d'intelligence économique

Dans un monde aussi concurrentiel où aucune loi ne prévoit la pitié ou la compassion, la survie des industries dépend de leur capacité d'adaptation. Cette capacité d'adaptation dépend elle-même des informations que ces industries reçoivent en lecture du passé, du présent, mais surtout du futur à la fois du marché, mais aussi des enjeux.
La mise en place des cellules d'intelligence industrielles et économiques va permettre de maintenir les industries compétitives et de favoriser leur évolution et leurs innovations.

6.4. Mise en place des plans d'action

Après les évaluations et les décisions arrêtées, celles-ci doivent se transformer en plan d'action afin de suivre leur mise en œuvre. Chaque plan d'action doit généralement répondre aux questions suivantes : **quoi, qui, quand, comment** et **où** aussi appelés 5W en anglais.
Sans la mise en place et le suivi des plans d'action, les décisions perdent leur efficacité. C'est pourquoi dans

le cadre de ce modèle économique, les plans d'action doivent être suivis rigoureusement et faire eux-mêmes l'objet d'une évaluation, car les décisions prises sont des options qui peuvent être dimensionnées ou classées en plans 1, 2 ou 3. Les dirigeants d'entreprises et les responsables des contrôles doivent assumer entièrement leur responsabilité. Ils doivent être professionnels et respecter les règles de gestion et de management.
Le plan d'action est un outil capital pour le suivi des décisions. Ils doivent être formalisés et intégrés dans un système d'information qui permet d'avoir une traçabilité de ces décisions et leur aboutissement.

7. La sauvegarde du patrimoine industriel (cas de saris, cimenterie de Loutété, Huilka, Eco, IAC…)

La République du Congo devrait travailler sur la sauvegarde du patrimoine industriel du Congo. Il n'est pas normal de ne pas sauvegarder ce patrimoine que les entreprises congolaises et parfois les cadres locaux se sont appropriés. En effet, une réflexion dans ce sens devrait être entreprise dans le respect des droits de la propriété industrielle.
On ne peut pas comprendre qu'aujourd'hui si le Congo veut de nouveau produire de l'huile d'arachide, il doit encore rechercher l'expertise à l'extérieur du pays alors que jadis, il était producteur de cette huile de qualité requise. Les savoir-faire des entreprises locales doivent donc être sauvegardés et consolidés. Les entreprises comme Eucalyptus fibre du Congo (EFC) qui a un savoir-faire dans les plantations d'Eucalyptus, La Saris avec la production

du sucre, la cimenterie de Loutété avec la production de ciment ou encore l'industrie agroalimentaire du Congo IAC qui a réussi de mettre en place des itinéraires techniques leur permettant non seulement d'expérimenter les plantations de tomates sur de grandes surfaces et en contre-saison, mais aussi la production de tomate avec une rentabilité à l'hectare supérieure à la moyenne de toute l'Afrique subsaharienne.
Le Congo doit comprendre que le développement industriel passe par la maîtrise des processus de production et l'accès aux nouvelles technologies. Tous ces savoir-faire constituent un patrimoine national.

8. Industrialisation du Congo, outil de souveraineté de l'État

La balance commerciale du Congo, hors les activités du pétrole, est lourdement déficitaire, car le Congo importe tout, et dépend, de ce fait, d'autres pays. Il est certain qu'un pays ne peut pas tout produire tout seul et surtout quand on sait que le marché intérieur congolais ne garantit pas un débouché sûr pour les produits congolais, mais la position géographique du Congo lui permet d'exporter sa production dans les pays de sa sous-région.
L'industrialisation du Congo lui permettra de constituer des stocks de sécurité pour une certaine catégorie des produits de son industrie. Cette capacité de décider quoi vendre et à qui vendre constitue une force et renforce la souveraineté de l'État dans la mesure où le Congo peut se servir de sa production

pour exprimer son point de vue et le faire valoir sur le plan international.
La qualité des produits importés ne rassure pas parfois alors qu'une production locale rassure les consommateurs dans la mesure où les contrôles de qualité peuvent être effectués à n'importe quel moment.
Si le Congo dispose d'une bonne production, il pourra renforcer sa sécurité alimentaire et mettre en place des filtres pour tous les produits importés qui devront répondre aux normes de qualité. Un État ne peut se le permettre que lorsqu'il est indépendant et donc souverain industriellement.
Pour cela, l'État doit veiller sur le niveau critique de son industrie. Une politique d'accompagnement doit être mise en place pour s'assurer d'un minimum de production pour assurer les équilibres.

9. Place de l'innovation et de la recherche dans l'industrialisation du Congo.

L'innovation et la recherche doivent être au service de l'industrie. Elles doivent chercher et rechercher sans cesse comment apporter la valeur ajoutée dans les produits industriels. L'innovation et la recherche sont une source de création de richesse. Un produit industriel doit être constamment amélioré dans sa qualité tout comme dans sa présentation. Cette amélioration peut permettre de donner une plus grande valeur au produit. Il en est le cas des meubles fabriqués par les artisans auxquels il faut améliorer la qualité à la fois dans la conception et dans l'exécution des finitions. Ce qui augmente la rentabilité de l'industrie.

L'amélioration du produit peut également permettre d'optimiser les inputs ou matières premières utilisés pour la fabrication du produit. Si on prend l'exemple du bois, on peut l'illustrer en disant si trois mètres cubes de bois servaient à fabriquer soixante chaises, en améliorant notre produit, on peut fabriquer plus de chaises avec la même quantité de bois. Dans ce cas également, il y a réduction du coût de production ; donc augmentation de profit.
L'innovation et la recherche doivent être orientées pour qu'elles soient utiles à l'évolution de l'industrie qui doit s'adapter sans cesse aux exigences du marché. Elles doivent créer une plus-value permettant également de couvrir leurs frais de fonctionnement. L'innovation et la recherche sont le poumon et l'avenir de l'industrie, car sans elles, l'industrie est aveugle.

10. Quelle agriculture pour l'industrialisation du Congo ?

L'agriculture est un secteur stratégique lorsqu'on veut mettre en place des industries agro-alimentaires. L'industrie agro-alimentaire doit être une des priorités dans le processus d'industrialisation dans la mesure où elle contribue au bien-être des populations.
Le Congo doit faire des choix et définir sa politique agricole pouvant faciliter son industrialisation.
Les produits agricoles constituent de la matière première pour l'industrie agroalimentaire. La politique agricole doit permettre d'avoir une visibilité sur les produits à cultiver aux fins d'industrie. Ces choix

doivent intégrer les questions de marché et de bien-être de population.
Une industrie du chocolat ne peut pas être si rentable si le pays ne produit pas lui-même son cacao. L'exemple de Saris doit servir et être adapté à d'autres cultures.

En agriculture, le Congo doit s'efforcer à renforcer la capacité de production des familles. Dans nos villages, chaque famille doit participer à la production d'une des cultures attendues par l'industrie. Cette agriculture va augmenter les revenus de familles et contribuer à la création de petites industries agro-alimentaires.
Pour de grandes industries agroalimentaires, il faut pour cela mettre en place des cultures industrielles sur des espaces assez importants.
La politique agricole doit être au service de l'industrie agroalimentaire, car l'industrie apporte une valeur ajoutée à l'agriculture dans la conservation et la transformation des produits agricoles. Ainsi, il sera impératif dans la mise en place de politique agricole de pouvoir estimer les obstacles potentiels sur le plan politique, administratif et financier[13].

---

[13] Rapport sur le développement économique dans le monde *l'agriculture au service du développement*, nouveaux horizons Paris 2008.

11. Quelles infrastructures et conditions pour l'industrialisation du Congo ?

On ne le dira jamais assez. L'industrie ne peut être prospère que si certaines conditions sont remplies.
À côté des conditions humaines qui demandent un peuple en bonne santé avec de bonnes écoles et une bonne volonté à produire, à créer, à innover, une main d'œuvre de bonne qualité à coût raisonnable, certaines conditions doivent exister pour accompagner l'industrie.
Pour le cas du Congo, il est évident que des efforts supplémentaires en matière d'énergie doivent être consentis. La distribution d'eau et d'électricité ne permet pas à ce stade d'accompagner l'industrie congolaise. L'utilisation des groupes électrogènes avec l'achat des carburants et l'entretien des groupes, grèvent les coûts de production et rend la production irrégulière. Il en va de même pour l'achat des véhicules-citernes d'eau avec un mètre cube d'eau dépassant les 3.000 F CFA.
L'accès à l'internet reste encore limité et il est difficile de travailler de nos jours sans l'usage des NTIC pour être en contact avec l'environnement interne et externe de l'entreprise. Être connecté à partir de Boundji ou à partir de Mossendjo ou encore Kimongo reste encore un problème à résoudre.

À côté du réseau internet, le réseau téléphonique doit également être performant, car certaines informations de chantier peuvent être intégrées dans le système d'information de l'entreprise par le téléphone.

De même, les voies de communication notamment les routes reliant les centres de production aux centres de distribution doivent être mises en place. Le Congo a réalisé des efforts sans précédent dans ce domaine, mais d'autres routes restent encore à construire pour faire du réseau routier congolais une véritable toile d'araignée permettant aux produits congolais d'être transportés dans le pays, mais aussi vers les autres pays de la sous-région et vers les ports pour l'exportation.
La mise en place des structures dédiées à la chaîne de conservation est d'une aide capitale pour l'industrie.

12. Les formations de base requises pour soutenir l'industrialisation du Congo.

Dans un pays qui veut s'industrialiser, la formation doit être un aspect majeur de la stratégie globale d'industrialisation. La politique de formation doit mettre en œuvre tous les mécanismes permettant de favoriser d'une part la prise de conscience par les enfants et la jeunesse congolaise la nécessité d'industrialiser le Congo et d'autre part donner à cette même population le goût de s'approprier la notion d'industrialisation qui est une source de création de richesse et partant de la valeur ajoutée.

Cette formation doit accompagner l'activité industrielle en tenant compte des industries à mettre en place et des filières agricoles ou touristiques à développer.
Des écoles de formation technique, industrielle et de management doivent être mises en place tout en

fonction des prévisions des besoins des ressources humaines à rendre disponibles pour l'industrialisation du Congo. C'est en cela que cette industrialisation doit être une vision maitrisée dans son ensemble.

On ne doit pas être surpris de ne pas avoir des techniciens dans tel ou tel domaine. On doit prévoir le besoin et se mettre à former des hommes et des femmes capables d'animer les industries à mettre en place, car tous les individus disposent d'un répertoire de compétences pour résoudre différents types de problème[14].

La découverte des talents doit se faire très tôt pour susciter les capacités d'innovation dans les écoles de formations techniques, industrielles qui doivent être plus nombreuses que les écoles d'enseignement général.

Ces écoles techniques et industrielles doivent privilégier le côté pratique qui va permettre aux apprenants d'être des hommes de terrain.

En effet, une évaluation des compétences par industrie doit être effectuée pour enfin connaître le niveau des besoins en ressources humaines pour soutenir l'industrialisation.

Il n'est pas impossible, pour les jeunes Congolais et Congolaises d'être capables de s'approprier les technologies utilisées pour fabriquer certains produits industriels à l'instar des brouettes, des pelles, des râteaux, des moteurs à deux temps, des cures dents, etc.

---

[14] Howard Gardner, *Les intelligences multiples*, nouveaux horizons, Paris 2004.

Il est inconcevable de remarquer que malgré les nombreuses ressources dont le Congo dispose qu'on ne soit pas capable d'en faire une valeur ajoutée. Plutôt, les Congolais sont de grands consommateurs des produits importés.

Le défi est grand et noble et devrait interpeller toutes les filles et tous les fils du pays. Si à ce stade on ne peut pas fabriquer un moteur d'hélicoptère, mais on peut tout de même fabriquer une houe ou un couteau.
Les programmes de formation devraient être établis suivant les chronogrammes des différentes activités industrielles à mettre en place. Si ces programmes ne sont pas synchronisés, les projets industriels prendront un coup dans leur exécution.

13. Place de la jeunesse dans le processus d'industrialisation.

Selon les données démographiques, les jeunes âgés de moins de 20 ans représentent près de 50 % de la population du Congo[15]. Cette jeunesse fortement scolarisée constitue l'avenir du Congo si bien qu'elle ne peut pas être mise à l'écart dans la conception et la vision de faire du Congo, un pays émergent et ceci en le dotant entre autres d'une industrie performante.
L'assimilation de la notion d'industrialisation et de toutes les autres notions qui entourent ce concept doit l'être par des jeunes. Plus tôt, ils vont en faire leur problème, plus vite les résultats de leur implication vont être visibles.

---

[15] www.congo-site.com 24 février 2015, 1 h.

Si le jeune Chinois sait se battre dans sa vie c'est parce qu'il a toujours été confronté à certains défis comme trouver une place à l'école ou un bon positionnement pour se laver.
Les jeunes Congolais sont prêts au défi. Cela se sent par leur capacité à assimiler les sciences ou les arts. Il appartient aux décideurs de leur trouver des moyens et des espaces d'expression tout en leur disant que leur futur dépend de ce qu'ils veulent et de ce qu'ils vont déployer comme effort.
La prise d'initiative, la croyance en eux qui sont essentielles à la réalisation de toute œuvre même les plus incroyables doivent leur servir de base.
Ils doivent certainement aussi, se rappeler la fameuse phrase d'Abraham Lincoln qui disait : « ne demande pas ce que ton pays va faire pour toi, mais plutôt ce que tu vas faire pour ton pays ».

Aucun pays ne peut se développer s'il ne dispose pas d'une main-d'œuvre en qualité et en quantité suffisante. Les jeunes Congolais sont l'espoir et un facteur clé de succès pour l'industrialisation du Congo pourvu qu'ils en soient conscients et matérialisent cela en actes concrets.

14. Les différentes étapes à franchir dans le processus de l'industrialisation

Dans cette partie du livre, il est important de noter que ce que l'on demande au Congo n'est pas d'être capable de fabriquer un avion à ce stade. Il s'agit plutôt de savoir par quoi commencer. Il y a des technologies qui ne sont plus protégées et le Congo en fonction de ses besoins, du marché et de leur rentabilité peut commencer à les explorer. La meilleure technique de s'approprier certaines technologies est de copier simplement ce qui a été fait. Il est inconcevable de remarquer que le Congo soit un consommateur des produits fabriqués par les pays voisins et ne propose en retour pas grand-chose à sa population et à celles des autres pays.

Un profond questionnement doit interpeller tous les Congolais.

La production de petits outils agricoles doit par exemple être amorcée au Congo pour un pays à vocation agricole.

Développer son industrie, demande une réflexion profonde pouvant associer les différents acteurs de la république dans les ateliers, les forums et les conférences.

Le processus d'industrialisation doit intégrer la mise en place des industries pouvant accompagner un grand panel des autres industries. Il en est le cas pour l'industrie de l'emballage.

Nous savons que l'emballage constitue un intrant important dans plusieurs industries qui ont besoin d'emballer leurs produits soit en papier, en plastique, en bouteille…

La mise en place d'industries d'emballage va forcément impacter positivement toute l'industrie concernée, car elle va permettre à d'autres industries d'avoir les emballages dans un délai raisonnable suivant leurs besoins et à un coût réduit.

Il appartient à l'industrie des emballages d'être capable d'avoir un bon management des approvisionnements afin d'éviter des ruptures des stocks. Cette industrie doit également produire des emballages de bonne qualité pour des raisons de compétitivité.

15. Quelques produits locaux pouvant être fabriqués

En sus des produits déjà fabriqués au Congo, certains produits élémentaires suivants peuvent orienter dans un premier temps notre industrie naissante sans que cette liste soit exhaustive.

N°	Désignation	Matière première
1	Houes	Tôles et bois
2	Machettes	Tôles et bois
3	Brouettes	Tôles et tubes de fer
4	Pelles	Tôles et bois
5	Râteaux	Tôles et bois
6	Charrue	Tôles et tubes de fer
7	Pulvérisateur	Tôles et tubes de fer
8	Herse	Tôles et tubes de fer
9	Semoir	Tôles et tubes de fer
10	Remorques de tracteur	Tôles et tubes et barres de fer
11	Jus naturels des fruits locaux	Fruits et légumes
12	Confitures des fruits locaux	Fruits et légumes
13	Conserve des poissons	Poissons
14	Cures dents	bois
15	Allumettes	bois + phosphore
16	tiges coton	bois + coton
17	le papier et ses produits	bois
18	le calcaire	roche de calcaire
19	La chaux	roche de calcaire

20	les carreaux	roche de calcaire
21	Les tuiles	argile
22	Bitume	roche de calcaire
23	les vélos	Tôles et tubes de fer + moteur
24	les bicyclettes	tôles et tubes de fer

En sus de ces produits, une agriculture industrielle doit aider à la production d'une quantité suffisante des produits agricoles. Ces produits vont ensuite servir à être transformés à travers l'industrie agro-alimentaire comme le fait Saris Congo.
Les cultures d'Hévéa, de café, de cacao, de tomates, des céréales et des arbres fruitiers devront soutenir cette industrie et participer à la diversification de l'industrie comme souhaité par tous les Congolais.

De même, d'autres types d'industries pour lesquelles la production ne dépend pas des matières premières doivent être développés. Il s'agit par exemple de l'industrie touristique, de l'industrie cinématographique ou de l'industrie musicale. Ces activités font partie intégrante de l'industrie et il est important de ne pas les classer au second plan.

L'industrie de pêche est également un domaine à développer avec le nombre de cours d'eau, de fleuves, de kilomètres d'océan que le Congo possède.
Il est triste de voir que nos techniques de pêche continentale n'évoluent pas. Comment accepter jusqu'à ce jour dans les zones comme Mossaka que le poisson soit systématiquement tué alors qu'on peut s'efforcer à le pêcher et le conserver vivant jusqu'à sa vente et

ainsi régler d'une part des problèmes alimentaires et d'autre part augmenter son prix, car un poisson vivant rassure, et donc peut coûter un peu plus cher qu'un poisson déjà mort et dont la conservation peut être l'objet d'un doute.

16. Organisation de la délégation des travaux industriels

Outre l'organisation politique, l'organisation technique et administrative de la délégation doit se résumer à deux organes essentiels. Il s'agit de la cellule de création des industries et une cellule de l'administration des industries.

16.1. Cellule de création des industries

Cette cellule sera organisée de la manière suivante :

Création des industries	**Missions**
Délégation de la promotion industrielle	Promotion de l'organe lui-même
	Promotion des industries et des projets
Délégation des études et des stratégies	Études des projets
	Mise en place des stratégies
Délégation de la technologie et des processus industriels	Études et validations des technologies
	Validation des processus et itinéraires techniques
Délégation administrative et financière	Administration & Finance de l'organe
	Validation des business plan des projets
Délégation du contrôle et audit	Audit et contrôle de l'organe
	Audit et contrôle des industries

16.2. Cellule de l'administration des industries

La cellule de l'administration des industries financées ou créées sera organisée de la manière suivante :

Administration des industries	Missions
Inspection technologique et qualité	Veiller sur les processus et technologies des industries
	Veiller sur la qualité des produits des industries
Inspection stratégique et prospective	Veiller sur les stratégies mises en place, sur compétitivité des industries et leur adaptation aux différents marchés
Inspection admin. & financière	Évaluer les performances administratives et financières des industries administrées

16.3. Les outils de fonctionnement des travaux industriels

Pour assurer l'autonomie de son fonctionnement et lui donner les moyens lui permettant d'atteindre les objectifs assignés, la délégation des travaux industriels doit être dotée d'une cellule d'intelligence économique, d'un comité d'experts industriels et d'un fond industriel.

16.3.1. La cellule d'intelligence économique et industrielle

Cette cellule a pour mission de mettre en place la veille économique et industrielle. Elle est en effet l'œil de la délégation des travaux industriels dans la mesure où elle doit d'abord être le laboratoire dans lequel toutes les informations économiques et industrielles sont traitées.
La cellule d'intelligence économique et industrielle doit orienter la délégation des travaux industriels dans les choix d'investissements et les stratégies à mettre en place pour la réussite de telle ou telle industrie.
Elle doit savoir les tendances du marché, les besoins des marchés, les priorités en industrie, les menaces pour l'industrie congolaise, les opportunités à explorer et à saisir, etc.

La cellule d'intelligence économique et industrielle doit également mettre en place toutes les stratégies permettant de lever les barrières à l'entrée pour les industries congolaises naissantes. Elle doit également réfléchir sur comment développer la capacité d'adaptation de ces industries aux évolutions et tournants dans un monde économique en perpétuelles mutations. Léonard de Vinci disait : « refuser de prévoir, c'est déjà souffrir »[16]. Il est donc clair que la cellule d'intelligence industrielle doit jouer pleinement son rôle dans le petit espace qui lui est consenti et qu'il arrive à conserver grâce à ces propres efforts, car l'avantage compétitif le plus radical que peut obtenir une industrie est de réussir à voir le marché d'une manière différente de ses concurrents.

En cela, cette cellule doit proposer tous les mécanismes possibles permettant de protéger l'industrie congolaise.

16.3.2. Le comité des experts industriels

Le comité des experts industriels est l'organe technique de la délégation des travaux industriels. Il est chargé de valider les processus industriels et d'accompagner les chefs des projets dans la consolidation des processus de production et dans la qualité des produits fabriqués.
Cet organe doit veiller à la domestication de certaines techniques de production et doit travailler avec les chefs de projet pour les transferts des technologies.
Pour permettre à ce comité des experts industriels d'être plus efficace, celui-ci doit être subdivisé en sous-comité suivant les différents types d'industries à développer.

---

[16] Bruno Martinet. Yves-Michel Marti, *L'intelligence économique*, éd. Organisation, Paris 2001.

Ces experts qui sont responsables des processus de production et de la qualité des produits doivent travailler avec la cellule d'intelligence économique et industrielle qui doit leur fournir un certain nombre d'informations stratégiques.
L'industrie est une guerre. Elle est en guerre tout le temps. Les experts industriels, leurs installations ainsi que les informations qu'ils détiennent doivent être protégés.
Les industries se battent sans faire du bruit, mais elles sont en véritable conflit tous les jours.
Le comité d'expert sera également en relation avec les chercheurs, les industries pour savoir toutes les innovations et aider à préparer les brevets pour protéger lesdites innovations.

16.3.3. Le fond industriel

Le fond industriel doit être mis en place pour assurer l'efficacité de l'industrialisation. Le fonds industriel a pour mission de trouver des fonds pour financer les industries. Les financements peuvent venir de l'extérieur ou d'une banque gérée par le fonds industriel. Le fonds industriel doit réfléchir et proposer tous les scénarios de financement d'une industrie.
Ce scénario peut prendre en compte les différents partenaires pouvant participer au financement et en déterminer la valeur.
Les questions de participation au capital des industries doivent tenir compte du type d'industrie et de la vision stratégique du Congo en la matière. En cela, le fonds doit communiquer avec la cellule d'intelligence économique et industrielle.

Le fonds industriel doit également avoir en son sein une équipe juridique qui va l'aider à traiter les questions juridiques liées aux participations dans les constitutions des entreprises industrielles.
Le fonds d'investissement doit également créer une banque d'investissement qui doit fonctionner suivant les ambitions et le programme du fonds. Cette banque doit également respecter l'orthodoxie du métier de banque afin d'assurer sa solidité et sa continuité d'exploitation.
Les pratiques des anciennes banques qui avaient un actionnariat à forte dominance étatique qui privilégiait une gestion faite d'arbitrages politiques au détriment des principes de l'orthodoxie financière sont à bannir et à proscrire[17].
L'industrie congolaise peut également être financée par le FMI ou d'autres institutions régionales ou sous-régionales qui peuvent octroyer des crédits pour encourager le gouvernement à mener des politiques adéquates d'industrialisation[18].

Conclusion

Mettons-nous au travail.

[17] Claude N'kodia, *l'intégration économique : les enjeux pour l'Afrique centrale*, L'Harmattan, Paris 1999.
[18] Patrick Lenain, *Le FMI*, éd. La découverte, Paris 2004.

Bibliographie

1. Alberto Sillero, *Diagnostic global d'entreprise*, Éd. ESKA, Paris 2002.
2. Bruno Martinet. Yves-Michel Marti, *l'intelligence économique*, éd. Organisation, Paris 2001
3. Claude N'kodia, *l'intégration économique : les enjeux pour l'Afrique centrale*, l'harmattan, Paris 1999.
4. F. Blanc et N. Monomakhoff, *la méthode 5 steps*, Ed AFNOR, plaine Saint-Denis 2008.
5. Howard Gardner, les intelligences multiples, Nouvealaux horizons, Paris 2004.
6. Jean-Louis Muller, *les nouveaux styles de management*, Éd. ESF, Issy-les-Moulineaux 2004
7. Jody Zall Kusek. Ray C. Rist, *vers une culture du résultat*, Éd. Saint-Martin, Québec 2005.
8. KANGA BALLOU, *je gère mon entreprise*, Édition initiatives, Abidjan 1998
9. Mohamed Hamadi Bekouchi, *la rage de gagner*, éd. Afrique Orient, Casablanca 2007
10. Patrick Lenain, *Le FMI*, éd. La découverte, Paris 2004.
11. Pierre Salles, *la vie économique*, éd. André Casteilla, Paris 1979.
12. William Easterly, les pays pauvres sont-ils condamnés à le rester ? Nouveaux horizons, Paris 2006.
13. William URY, *comment négocier avec les gens difficiles*, nouveaux horizons, Paris 1993.
14. X. Cazard,S.Villey,A.Dohy, *Création d'entreprises : bien choisir son associé,* collection Guid'utile, Paris 2007.

15. CEPROD, *Enjeux de l'alimentation, crise financière internationale et nouvelles perspectives pour le Congo Brazzaville*, les éditions HEMAR, Brazzaville 2009.
16. Rapport sur le développement économique dans le monde, *l'agriculture au service du développement*, nouveaux horizons, Paris 2008.
17. Revue Management hors série, éd. mai-juin 2012
18. Www.Congo-site.com 24 février 2015, 1 h.

Table des matières

Le Congo-Brazzaville

aux éditions L'Harmattan

Dernières parutions

VIOLENCE (LA) CONJUGALE AU CONGO-BRAZZAVILLE
De la tradition à la modernité
Sous la direction d'Elisabeth Prieur et d'Emmanuel Jovelin
Préface d'Emilienne Raoul
Qu'est-ce que la violence conjugale ? Comment se manifeste-t-elle ? Quelles en sont les causes ? Quel sens les femmes victimes de violences donnent-elles à cet état de fait ? Quel accompagnement social ? Cet ouvrage propose un voyage en République du Congo-Brazzaville pour montrer l'autre face de la domination masculine et pour découvrir en quoi la coutume peut aussi perpétuer des formes de violences caractérisées. Il est aussi un appel pour dire NON à la violence.
(Coll. Trans-Diversités, 21.00 euros, 208 p.)
ISBN : 978-2-343-04108-7, ISBN EBOOK : 978-2-336-36473-5

MÉDIAS ET POUVOIR POLITIQUE AU CONGO BRAZZAVILLE
Des origines à nos jours
Bemba Léon
Cet ouvrage est une étude des médias de masse au Congo-Brazzaville. Il propose une enquête scientifique des rapports entre les médias et les pouvoirs politiques qui se sont succédé depuis ses origines jusqu'en 2010. Il permet de saisir la part d'influence de la presse dans la conquête de sa propre liberté dans l'élaboration d'une démocratie moderne et d'un réel débat dans la vie politique du pays.
(Coll. Études africaines, 41.00 euros, 430 p.)
ISBN : 978-2-343-04753-9, ISBN EBOOK : 978-2-336-36341-7

LIBERTÉ (LA) DE LA PRESSE AU CONGO-BRAZZAVILLE
Sogni Zaou Florent
Dans la déclaration de Windhoek du 3 mai 1991, il est dit que la création, le maintien et le renforcement d'une presse indépendante, pluraliste et libre sont indispensables au progrès et à la préservation de la démocratie dans un pays, ainsi qu'au développement économique. Le Congo est partie prenante de ces textes, et la liberté de la presse y est garantie par la loi de la presse. Seulement, le doute persiste malgré l'absence de journalistes dans les geôles congolaises.
(Coll. Harmattan Congo, 15.00 euros, 150 p.)
ISBN : 978-2-343-04261-9, ISBN EBOOK : 978-2-336-36443-8

DROIT (LE) DES PARCELLES DE TERRAIN AU CONGO (Tome 3)
L'espace foncier des personnes publiques. La constitution et la gestion des biens. L'expropriation pour cause d'utilité publique
Iloki Auguste - Avec la collaboration de Mireille Iloki Gondo
L'État, les collectivités décentralisées et les établissements publics disposent des parcelles de terrain qui constituent leur domaine foncier subdivisé en domaine public et en domaine privé. La gestion des immeubles de ces personnes publiques est fonction de leur incorporation dans le domaine public ou dans le domaine privé. L'application complexe des règles de droit privé et de la domanialité publique conduit l'auteur à préciser leur régime juridique et à éclairer les domaines respectifs de leur mise en oeuvre rationnelle.
(Coll. Études africaines, 24.50 euros, 240 p.)
ISBN : 978-2-343-04720-1, ISBN EBOOK : 978-2-336-36270-0

LIVRE D'OR DU CINQUANTENAIRE D'OYO (1963-2013)
Géographie - Histoire - Civilisation - Atouts
Ndinga Mbo Abraham Constant, Nguesso Maurice
Cette étude se veut un outil qui permettrait de mieux connaître la ville d'Oyo: le pays, les hommes à travers son histoire (ancienne et contemporaine) et sa civilisation, puis ses atouts. Elle pourrait ouvrir de grandes perspectives pour les responsables de la ville et pour sa population.
(29.00 euros, 310 p.)
ISBN : 978-2-343-05107-9, ISBN EBOOK : 978-2-336-36317-2

CONGO : TERRE DE TECHNOLOGIES
Objectif 2025
Mankou Vérone
Vérone Mankou invite les Africains à entreprendre, certain que le numérique et les nouvelles technologies vont soutenir le développement et représenter une opportunité pour le continent. Concepteur de la première tablette tactile et du premier smartphone Africain, il se lance aujourd'hui dans de nouveaux projets et une seule ambition : «faire du Congo une terre de technologies». Il veut développer chez les jeunes «l'esprit *start-up*» et l'entrepreneuriat.
(10.00 euros, 72 p.)
ISBN : 978-2-343-04958-8, ISBN EBOOK : 978-2-336-36254-0

TOUT SUR L'AC-LÉOPOARDS DE DOLISIE
ou les Fauves du Niari
Nimbi Eugène - Préface de Léon Alfred Opimbat
L'AC-Léopoards de Dolisie ou les Fauves du Niari est une équipe de football qui fut créée en 1954. Sous la présidence de Remy Ayayos Ikounga, cette équipe a remporté plusieurs coupes au Congo et a été championne d'Afrique en 2012. L'auteur restitue dans les moindres détails l'information relative à la genèse de l'équipe, à son palmarès national, aux difficultés rencontrées et aux sacrifices consentis par les dirigeants.
(Coll. Harmattan Congo, 12.00 euros, 106 p.)
ISBN : 978-2-343-04260-2, ISBN EBOOK : 978-2-336-35928-1

CONGO-BRAZZAVILLE (LE)
Climat et environnement
Samba Gaston
Cet ouvrage résume quelques travaux du professeur Dominique Nganga relatifs au climat et à l'environnement dans l'espace du Congo-Brazzaville. Un environnement bien caractéristique de ces deux climats équatorial et tropical humide et dont les effets de la variabilité climatique sont diversement perceptibles au niveau des états de surface.
(Coll. Études africaines, 16.50 euros, 168 p.)
ISBN : 978-2-343-02236-9, ISBN EBOOK : 978-2-336-35433-0

PASTORALE (LA) MILITAIRE AU CONGO-BRAZZAVILLE
Mounka Alexis
Éduquer un soldat à être honnête, à avoir le sens civique, à connaître et à pratiquer l'éthique, c'est éduquer tous ses concitoyens aux mêmes valeurs. Et ce ne sont pas les conséquences de la «guerre civile» qui servent à justifier cette nécessité de l'ordinariat pour la Force publique congolaise, sinon un besoin réel de se doter d'une élite militaire aux valeurs morales et éthiques approuvées.
(Harmattan Congo, 11.50 euros, 80 p.)
ISBN : 978-2-343-03604-5, ISBN EBOOK : 978-2-336-35485-9

DÉBAT SUR LA CONSTITUTION DU 20 JANVIER 2002 AU CONGO
Enjeux sociaux et stratégies politiques
M'Bissa Claude-Richard
À la veille de l'élection présidentielle de 2016, poser la problématique de la modification de la Constitution sur ses aspects fondamentaux suscite évidemment une série d'interrogations. Cet ouvrage met l'accent sur les notions générales liées à une constitution et sur l'expérience congolaise au sujet des constitutions. Il contribue à la compréhension des motivations des acteurs politiques, de leurs argumentations, et surtout à saisir la position du président de la République.
(Coll. Harmattan Congo, 16.50 euros, 164 p.)
ISBN : 978-2-343-03717-2, ISBN EBOOK : 978-2-336-35297-8

QUOTIDIEN (LE) D'ANTAN À NGO AU CONGO-BRAZZAVILLE
Guebo Célestin - Préface de Gabriel Kimami
Ce livre décrit le quotidien d'antan à Ngo, au Congo-Brazzaville, marqué par diverses activités, au cours de l'enfance de l'auteur. Il s'agit bien entendu d'activités scolaires, professionnelles, agricoles, etc. Ce quotidien était aussi marqué par la présence de Ngambieli, le Pygmée, qui avait un mode de vie exceptionnel. À travers ce livre, l'auteur fait revivre les moments de joie et de peine vécus à Ngo, à son époque.
(Coll. Harmattan Congo, 10.00 euros, 62 p.)
ISBN : 978-2-343-03554-3, ISBN EBOOK : 978-2-336-35241-1

GUIDE FISCAL ET COMPTABLE DE LA TVA
Louzonzila Nakou
Ce livre est un instrument de travail pratique, qui met en exergue les principes et le schéma d'application de la TVA en indiquant particulièrement comment

répondre à ces questions : Qu'est-ce que la TVA ? Pourquoi la TVA ? Qui supporte la TVA ? Comment se calcule-t-elle ? Comment devrait-on la déclarer au fisc ? Les réponses à ces questions accompagnées d'exemples pratiques permettront de connaître les intrants d'une part et les conséquences ou résultats d'autre part.
(Coll. Harmattan Congo, 23.00 euros, 236 p.)
ISBN : 978-2-343-02879-8, ISBN EBOOK : 978-2-336-35236-7

IDENTITÉ ETHNIQUE ET CONFLITS CIVILS AU CONGO-BRAZZAVILLE
Massamba-Makoumbou Jean-Serge
Cette étude prend le parti de considérer l'appartenance ethnique comme un facteur parmi d'autres dans le développement des guerres civiles africaines. Il s'agit de considérer la forte capacité de mobilisation qu'elle recèle. À ce titre, il n'existe pas de conflit ethnique par essence, mais par vocation ou par instrumentalisation. Dans ce cadre, le Congo-Brazzaville apparaît comme un cas d'école, avec une manipulation de l'appartenance ethnique au service de la conquête du pouvoir politique et de la confiscation de l'autorité.
(Coll. Etudes africaines, 30.50 euros, 308 p.)
ISBN : 978-2-343-01013-7, ISBN EBOOK : 978-2-296-53937-2

CONVENTION (LA) DES NATIONS UNIES SUR LE CONTRAT DE TRANSPORT INTERNATIONAL DES MARCHANDISES EFFECTUÉ ENTIÈREMENT OU PARTIELLEMENT PAR MER DITE «RÈGLES DE ROTTERDAM»
Dibas-Franck Eric, Diallo Ibrahima Khalil, Banuanina Dia Ngoma Jean-Jacques
La question qui se pose au sujet de ce contrat adopté en décembre 2008 par l'Assemblée générale des Nations unies est de savoir si cette nouvelle convention va atteindre son objectif, à savoir remplacer, se substituer aux «Règles de La Haye», aux «Règles de La Haye-Visby» et aux «Règles de Hambourg». Cette convention entrera-t-elle en vigueur un jour ? Quelle est sa genèse ? Quelles sont ses forces et ses faiblesses ? Existe-t-il des questions controversées ?
(Coll. Harmattan Congo, 22.00 euros, 224 p.)
ISBN : 978-2-343-01119-6, ISBN EBOOK : 978-2-296-53875-7

RÉGLEMENTATION ET PERFORMANCE
L'enseignement supérieur privé au Congo
Koulakoumouna Etienne
Préface de Claude Albagli (Président Institut CEDIMES)
Cet ouvrage examine le rapport entre la réglementation et la performance, et montre que la qualité est la principale dimension de la performance dans toute organisation. Dans l'enseignement supérieur privé, elle passe principalement par une exigence accrue de l'amélioration de la qualité des infrastructures, des prestations du personnel enseignant ayant le profil requis, du programme d'enseignement et du management.
(CEDIMES, Coll. Mouvements Économiques et Sociaux, 19.00 euros, 184 p.)
ISBN : 978-2-296-99767-7, ISBN EBOOK : 978-2-296-53726-2

L'HARMATTAN ITALIA
Via Degli Artisti 15; 10124 Torino
harmattan.italia@gmail.com

L'HARMATTAN HONGRIE
Könyvesbolt ; Kossuth L. u. 14-16
1053 Budapest

L'HARMATTAN KINSHASA
185, avenue Nyangwe
Commune de Lingwala
Kinshasa, R.D. Congo
(00243) 998697603 ou (00243) 999229662

L'HARMATTAN CONGO
67, av. E. P. Lumumba
Bât. – Congo Pharmacie (Bib. Nat.)
BP2874 Brazzaville
harmattan.congo@yahoo.fr

L'HARMATTAN GUINÉE
Almamya Rue KA 028, en face
du restaurant Le Cèdre
OKB agency BP 3470 Conakry
(00224) 657 20 85 08 / 664 28 91 96
harmattanguinee@yahoo.fr

L'HARMATTAN MALI
Rue 73, Porte 536, Niamakoro,
Cité Unicef, Bamako
Tél. 00 (223) 20205724 / +(223) 76378082
poudiougopaul@yahoo.fr
pp.harmattan@gmail.com

L'HARMATTAN CAMEROUN
BP 11486
Face à la SNI, immeuble Don Bosco
Yaoundé
(00237) 99 76 61 66
harmattancam@yahoo.fr

L'HARMATTAN CÔTE D'IVOIRE
Résidence Karl / cité des arts
Abidjan-Cocody 03 BP 1588 Abidjan 03
(00225) 05 77 87 31
etien_nda@yahoo.fr

L'HARMATTAN BURKINA
Penou Achille Some
Ouagadougou
(+226) 70 26 88 27

L'HARMATTAN SÉNÉGAL
10 VDN en face Mermoz, après le pont de Fann
BP 45034 Dakar Fann
33 825 98 58 / 33 860 9858
senharmattan@gmail.com / senlibraire@gmail.com
www.harmattansenegal.com

L'HARMATTAN BÉNIN
ISOR-BENIN
01 BP 359 COTONOU-RP
Quartier Gbèdjromèdé,
Rue Agbélenco, Lot 1247 I
Tél : 00 229 21 32 53 79
christian_dablaka123@yahoo.fr

Achevé d'imprimer par Corlet Numérique - 14110 Condé-sur-Noireau
N° d'Imprimeur : 125339 - Dépôt légal : janvier 2016 - *Imprimé en France*

www.ingramcontent.com/pod-product-compliance
Lightning Source LLC
LaVergne TN
LVHW051631071026
849535LV00009BA/3542

* 9 7 8 2 3 4 3 0 7 1 2 7 5 *